ORGANISATION DU TRAVAIL. — ÉBÉNISTERIE FRANÇAISE.

PROJET

D'ASSOCIATION GÉNÉRALE

DANS TOUTE LA FRANCE

ENTRE

Fabricants, Ouvriers, Marchands et Commissionnaires

FABRIQUANT, CONFECTIONNANT OU VENDANT

les Articles des Catégories suivantes:

ÉBÉNISTES, MENUISIERS EN SIÉGES, SCULPTEURS EN MEUBLES,
TOURNEURS EN MEUBLES, TOURNEURS EN CHAISES,
PENDULIERS, ÉBÉNISTES EN NÉCESSAIRES, BILLARDS,
PIANOS, DÉCOUPEURS, MARQUETTEURS EN MEUBLES,

PAR COSTER,

Ouvrier menuisier en fauteuil.

Se vend au profit de l'association projetée.

PRIX : 50 CENT., PAR LA POSTE 50 CENT.

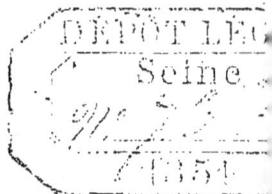

PARIS,

CHEZ L'AUTEUR, BOULEVART BEAUMARCHAIS, 17,
Et chez les principaux Libraires de France.

1851.

Paris.— Imprimerie PREVE et Cᵉ, rue J.-J.-Rousseau, 15.

INTRODUCTION.

Nous croyons devoir faire précéder la publication de notre plan d'association de quelques considérations sur le but que nous nous proposons d'atteindre.

Nous déclarons d'abord, qu'en faisant un appel à toute la corporation indistinctement, nous nous plaçons en dehors de tout esprit de parti, laissant à chacun ses convictions et sa liberté de penser et d'action: Notre unique but est de relever notre industrie ébénisterielle de l'espèce d'avilissement où elle est tombée, et d'empêcher que l'ouvrier, le fabricant, le marchand, ne succombent tour à tour dans une lutte fratricide, causée par une concurrence sans limite et par cela même désastreuse.

Notre intention n'est pas de la détruire, mais bien de la régulariser et de faire que l'intérêt particulier trouve sa garantie et son profit dans l'intérêt général; nous espérons y parvenir, en ramenant dans la famille, l'ordre, l'économie, l'instruction, la moralité et le bien-être. Nos efforts tendent surtout à faire disparaître cet antagonisme funeste qui existe encore entre l'ouvrier, le patron et le marchand.

Toutes les nations connaissent et recherchent les produits de l'ébénisterie française, au point que certains producteurs étrangers ne se font pas faute de vendre, comme fabriqués par eux, des objets achetés en France.

L'Exposition universelle de Londres a fait connaître aux étrangers émerveillés nos chefs-d'œuvres sans rivaux, où les plus riches métaux, la porcelaine, la nacre s'allient aux bois les plus rares avec une entente parfaite. Ce bel ensemble donne du génie de nos artistes et de leur conception la plus haute idée.

Une telle opinion, si méritée, doit porter à croire que ces habiles industriels jouissant du fruit de leurs travaux, vivent dans une honnête aisance, exempts des inquiétudes du besoin, au sein d'une famille occupée et satisfaite du bonheur commun ; c'est bien ainsi que ce devrait être, et c'est pour les y faire parvenir que nous avons conçu notre projet. Malheureusement le revers de la médaille est la vérité, et l'on ne se fait pas une idée de l'état de misère, de nudité, de délabrement où se trouvent l'atelier, l'outillage, le mobilier et le ménage de la plupart de ces artistes. Nous évitons une description qui, toute faible qu'elle serait, paraîtrait exagérée ; telle est la position de l'ouvrier, de l'artiste dont on admire les chefs-d'œuvres, position affreuse qui est aussi le partage de beaucoup de fabricants.

Les causes de ces anomalies ont été parfaitement indiquées dans un article sur l'ébénisterie, publié en décembre 1840, dans le journal *l'Atelier*, et dont est auteur notre ami Agricol Perdiguier, représentant du

Peuple, homme compétent dans cette matière. Il a réimprimé cet article dans sa *Statistique du salaire des Ouvriers*, publiée en 1849. Nous croyons utile de le reproduire, tout en nous abstenant de parler de la statistique des salaires, dans laquelle nous reconnaissons l'impartialité de l'auteur :

« Nous pourrions allonger de beaucoup cette note comparative, mais ce seraient toujours les mêmes monstruosités. Notez que plus les prix baissent, plus les maîtres compliquent l'ouvrage et deviennent exigeants sur son fini. De plus, ils mettent entre les mains de l'ouvrier du bois si mauvais, si ingrat, qu'ils se seraient bien gardé autrefois de le lui présenter, car l'ouvrier l'eût refusé fièrement, et ce bois eût été jeté au feu. Ce n'est pas tout : quand l'ouvrier a gagné si péniblement une si petite somme d'argent, est-il toujours assuré de la toucher? Non ; car beaucoup de maîtres sont misérables et à plaindre comme nous : l'argent va tout en haut, et ceux qui le possèdent sont généralement d'une grande avarice ; beaucoup sont mauvais payeurs et semblent trouver un plaisir inconcevable à faire souffrir ceux à qui ils doivent.

« Les ouvriers ébénistes travaillent rarement à la journée : ils travaillent aux pièces et à façon ; il suit de là que la longueur de la journée, qui devrait aller de six heures du matin à huit heures du soir, n'a plus rien de fixe, et pourtant les ouvriers commencent à travailler de bon matin, ne perdent pas un moment durant le jour, et travaillent encore bien avant dans la nuit. Passez, au temps des veillées, à dix ou onze heures du soir, devant un atelier d'ébénisterie, vous entendrez frapper, et, à défaut de bruit, vous pourrez voir au travers des vitrages ou des fentes des fermetures quelques rayons de lumière, indices certains que les ouvriers sont encore là. Leur journée est donc des plus longues, elle dure quatorze, quinze, seize, dix-sept heures et plus, selon les ateliers, et la plus ou moins grande habileté des ouvriers ; tous veulent manger, tous veulent vivre.

« On voyait, il y a une dixaine d'années, les ouvriers ébénistes, quoique moins assidus à leur travail qu'au temps où nous sommes, gagner d'assez fortes journées ; aujourd'hui, on en voit parmi eux qui ne gagnent presque rien ; d'autres, plus agiles, plus forts, plus vigoureux, gagnent un peu plus ; mais la vanité se glisse partout ; ils veulent faire ressortir leur mérite et se font gloire de gagner beaucoup plus qu'ils ne gagnent réellement. Nous avons rapproché les journées supérieures des journées inférieures, et la moyenne ne va pas à 2 fr. 50 c. Ajoutons que l'ouvrier supporte quelquefois la responsabilié des accidents arrivés à son ouvrage ; il peut prendre une fausse mesure, casser un joint, percer une feuille de placage en raclant ou en ponçant, voilà de la perte de temps et de la perte d'argent, car il faut payer ce qu'on a gâté : tout cela rogne la journée.

« Les ouvriers à façon travaillent chez eux : ils paient un loyer, ils se fournissent les établis et tous les outils dont ils se servent, et de plus la chandelle, la colle, le vernis, l'huile, le papier de verre, les clous, etc., etc. Il y a des maîtres assez raisonnables pour donner une petite somme à l'ouvrier pour l'indemniser de toutes ses fournitures, d'autres ne donnent plus rien du tout. Les ouvriers à façon n'ont donc point d'avantage ; s'ils préfèrent travailler ainsi, c'est parce qu'ils arrivent à un âge mûr, et qu'ils fuient pour cette raison toute occasion de dérangement et de dépense. On comprendra que ceux qui sont mariés aiment à se trouver auprès de leurs femmes et de leurs enfants ; beaucoup de *façonniers* travaillent jour et nuit.

« Dans les bons temps, les ébénistes n'avaient point de morte-saison ; ils travaillaient l'hiver aussi bien que l'été, et dès que leurs ouvrages étaient finis, les maîtres s'empressaient de leur donner du bois pour en commencer d'autres. C'est que, si l'on entrait alors dans l'une de ces auberges nommées *gargotes*, on voyait sur les comptoirs ou autour de la glace quantité d'adresses de maîtres qui demandaient des ouvriers : on ne voit plus cela à présent ; les maîtres ne sont plus pressés : d'autre part, ils ont des ouvriers plus qu'ils n'en désirent, car tous les jours on va s'offrir à eux chapeau bas et suppliant. Aussi sont-ils devenus sans gêne ; ils sont doux pour le marchand, durs pour l'ouvrier ; et cela se conçoit : ils ont besoin de captiver l'un, et l'autre les fatigue par son humilité importune. L'ouvrier livre rarement un meuble sans perdre un temps précieux à attendre le bois pour en commencer un autre ; et ensuite il travaille, le mercenaire, il sue sang et eau, il se tue ; l'ouvrage est peu payé, il veut le faire vite ; ce n'est qu'à cette condition que l'ébéniste peut se procurer un morceau de pain.

« Si, du temps des corporations et maîtrises, qu'on a détruites au nom de la liberté, sans s'intéresser davantage pour cela du présent et de l'avenir des ouvriers, des ouvriers qui devraient être quelque chose, et qui pourtant ne sont rien dans notre injuste société, si, dans ce temps, dis-je, un ouvrier avait fait autant de travail qu'il en fait de nos jours, sa fortune eût été promptement faite ; l'ouvrier travaillait alors lentement, et pourtant il avait du pain et peu de souci ; il travaille aujourd'hui avec la rapidité et la continuité d'une machine, et il ne peut plus se suffire, et son avenir l'inquiète toujours plus. On n'a pas proportionné son gain à son travail ; il a trop peu gagné et trop produit, et les magasins sont encombrés. Les riches ont de l'argent, beaucoup d'argent, leurs maisons sont très bien meublées, et s'ils n'achètent plus, ce n'est point par méchanceté, comme on semble le croire, c'est tout simplement parce qu'ils n'ont plus besoin de rien. Les travailleurs ont besoin de tout, leurs habitations sont absolument nues, et, s'ils pouvaient satisfaire leurs besoins, les magasins seraient bientôt vides ; mais comme je l'ai déjà dit, les travailleurs gagnent trop peu, ils n'ont point d'argent, aussi les magasins sont pleins et restent pleins. Et les maîtres, ne sachant à quoi s'en prendre, diminuent davantage les salaires des ouvriers et en cela ils agissent contre leurs propres intérêts, ils se ferment de nombreux débouchés, ils se tuent eux-mêmes en tuant les autres. Demandez à l'aubergiste, au marchand de vin, au cordonnier, au tailleur et à bien d'autres, s'ils gagnent avec l'ouvrier ce qu'ils gagnaient jadis ; demandez-leur s'ils ne sont pas forcés, par cette seule raison, de se passer de plusieurs meubles qu'ils auraient bonne envie de vous acheter, et vous comprendrez par là, maîtres, qu'en diminuant les salaires des ouvriers, vous diminuez votre vente et tous vos bénéfices ; à chaque réduction que vous faites à l'ouvrier, vous réduisez la valeur de votre magasin et de votre fortune, car tout ce qu'il renferme de meubles a perdu alors de son prix. Voyant que tout ce que vous avez fait ne vous a point servi, vous vous en prenez à l'hôtel Bullion, que vous regardez comme une cause de dépérissement pour votre industrie, et là vous vous trompez encore. L'hôtel Bullion, ce palais des commissaires-priseurs, où l'on vend tout à la criée, est un effet du mal, il n'en est pas la cause ; si on le fermait, les choses n'en iraient pas mieux pour cela. Pourquoi, lorsque les fabricants pauvres vont vous offrir leurs meubles, à vous fabricants plus riches, pourquoi, quoique vous sachiez fort bien ce que vaut la marchandise, voulez-vous l'avoir pour presque rien ? Le fabricant dans la gêne, pris ainsi au collet, s'irrite contre vous et prend la route de l'hôtel Bullion, qu'il va ensuite revoir souvent, autant aime-t-il donner sa marchandise à perte au propriétaire qu'au marchand injuste, rapace et sans pitié ; voilà comment il vous enveloppe dans sa propre ruine ; car celui qui achète à bas prix dans l'hôtel ne veut plus acheter à haut prix dans vos grands et riches magasins. Vous conclurez peut-être de ceci qu'il faut persister plus que jamais à le fermer, cet hôtel Bullion. Cela ne remédiera cependant à rien du tout ; fermez-le, et les ébénistes, pressés de vendre, au lieu d'écouler leurs meubles par là, les écouleront d'un autre côté ; les rues deviendront leurs bazars perpétuels, voilà tout. Si on allait plus loin, si on leur fermait et l'hôtel et les rues, ce serait alors les forcer à mourir de faim, ce serait leur passer impitoyablement le couteau à travers la gorge, et ce crime même ne profiterait pas longtemps à ceux qui l'auraient consommé. Ainsi, dites et faites ce que vous voudrez, l'ébénisterie est abattue parce que toute l'industrie est en souffrance ; tous vos petits remèdes seront insuffisants ou contraires, son mal tient au mal général ; tout dépérit à la fois, il faudra que tout se relève de même.

« Malgré tant d'expédients, malgré tant d'agitations, la vente

ne se faisant pas, les maîtres ralentissent la fabrication : les uns
se bornent à un plus petit nombre d'ouvriers, d'autres les taxent
à ne travailler qu'une petite quantité de jours par semaine, ce
qui rend leurs gains tout à fait insuffisants. S'ils se plaignent, on
les renvoie de l'atelier, ce qui est encore pire, car ils ne trouvent
pas facilement à se placer ailleurs ; si les ouvriers ébénistes
n'avaient point autrefois de mortes-saisons, il n'en est pas de
même aujourd'hui, et on voit tous les jours de ces pauvres diables
chercher de l'ouvrage avec persévérance et n'en point trouver.
Considérez maintenant que l'ébéniste ne connaît vraiment bien
son état et l'économie qu'à l'âge de vingt-cinq ans, et qu'à cin-
quante étant trop vieux et trop faible, on n'en veut plus dans
les ateliers, vous comprendrez alors que si son présent est triste,
son avenir est bien sombre et bien menaçant.

« Nous avons parlé de la réduction des prix de façon ; disons
un mot de l'augmentation du prix des choses dont on ne peut
pas se passer.

« Ce détail du prix des choses nécessaires à la vie, concernant
tous les ouvriers en général, rentre dans la première partie de
notre enquête : constatons néanmoins que pendant longtemps le
pain a coûté en moyenne 85 cent. les deux kilog.; que la viande
vaut au moins 60 cent. le demi-kilog.; que les loyers sont bien
plus chers qu'autrefois ; que les combustibles enchérissent tous
les jours : qu'enfin il n'est presque aucun objet, excepté ceux que
nous ne pouvons nous procurer, qui n'ait subi d'augmentation.

« Tout est donc plus cher, excepté le travail de l'ouvrier, qui
l'est beaucoup moins.

« On a diminué son salaire et renchéri sa nourriture, et puis
on ose dire qu'il n'avait jamais gagné tant d'argent, qu'il n'avait
jamais été si heureux... Quelle dérision ! quelle cruauté ! Il faut
être, pour parler ainsi, bien méchant, ou d'une ignorance exces-
sive sur cette matière ; on ne peut sortir de cette conclusion.

« Quoi qu'il en soit du motif qui fait ainsi agir nos détrac-
teurs, nous savons depuis longtemps que nous ne devons compt-
ter que sur nous pour arriver à réformer ce que cette situation a

d'affreux. Disons aussi, et répétons-le bien haut, que notre égoïsme et notre coupable indifférence sont les principales causes de notre misérable position. Rallions-nous donc tous, sans distinction d'état, aux principes des réformes politiques et industrielles, sans lesquelles nous resterons dans la société ce que nous y sommes depuis trop longtemps, des parias. »

Dans la même brochure se trouve une note remise à M. Perdiguier par son ami Chaplain, dans laquelle il dépeint si bien la situation de l'ouvrier sur ses vieux jours, que nous ne pouvons mieux faire que de la reproduire ici :

« Depuis quelques années, les ouvriers les plus habiles étaient les seuls qui, non sans beaucoup de peine, parvenaient à faire honneur à leurs affaires ; les faibles, non seulement ne pouvaient plus vivre en travaillant, mais lors de la mauvaise saison ils étaient remerciés et restaient quelquefois trois mois sans travailler. Voilà grand nombre de bras inoccupés ; les ouvriers médiocres ne sont pas reçus dans les grands ateliers, parce que les riches patrons savent qu'un homme fort et habile leur rapporte davantage, ce qui fait que ce dernier est payé quelquefois le double pour la façon du même travail, et l'ouvrier faible, rejeté des grands ateliers comme un paria, est obligé de se caser chez des hommes qui, pour faire concurrence aux grands fabricants, donnent leurs ouvrages à vil prix, et les paient en conséquence à celui qui les confectionne. Ce qu'il y a de pis encore, c'est que la plupart des petits fabricants font attendre le salaire des malheureux ouvriers qu'ils occupent, et quelquefois ils ne les paient point.

« Ce n'est pas tout : lorsqu'un homme aux cheveux gris se présente devant un patron pour demander de l'ouvrage, celui-ci, pensant bien que les forces physiques ne sont plus au complet chez l'homme de la cinquantaine, lui répond qu'il n'a pas besoin d'ouvriers, tandis que si un plus jeune vient ensuite, on lui dit d'apporter ses outils. Voilà comment est traité l'ouvrier sur ses vieux jours.

« Repoussé de la sorte, l'homme est contraint de s'isoler d'une société égoïste qui lui refuse les moyens de vivre, en lui fermant ses ateliers ; alors, il est forcé de faire de la concurrence en travaillant à son compte, ce qu'il ne ferait pas si l'on était plus humain.

« Pierre-Michel CHAPLAIN.

« Paris, 20 décembre 1848. »

Chaplain, en formulant ses plaintes sur un état de choses qui date déjà depuis longtemps, croyait être arrivé à l'apogée du mal, et pourtant il en était loin ; car les choses se sont encore aggravées depuis, tant se propage cet égoïsme dont nous parle Chaplain. Cette inhumanité devait être fatale à l'industrie et produire cet autre fléau, que l'ouvrier, évincé des ateliers par l'inintelligence des patrons, et forcé de travailler à son compte, a fait naître, sous le nom de trôle, cette plaie de notre industrie qui a mis ainsi le travailleur, auquel il a fallu plusieurs années d'apprentissage pour faire un ouvrier, et plusieurs autres années pour se perfectionner, à la merci des crocheteurs du coin de rue, et fait d'un homme intelligent le tributaire de l'homme brute qui, spéculant sur sa misère, sait s'approprier ses produits à vil prix et réaliser presque toujours des bénéfices supérieurs au gain de l'ouvrier, en s'imposant à lui, souvent par des avances d'argent dont il sait bien, dans sa cupidité, qu'il retirera un intérêt plus qu'ordinaire sans pouvoir être atteint par la loi.

En présence de tant de causes de misère et de dissolution morale, nous ne pouvons pas terminer ce triste tableau sans répondre à une accusation, faite toujours sans réflexion et portant sur l'inconduite ou sur l'ivrognerie du travailleur. Vous qui les accusez, vous qui, rassasiés des jouissances de la vie, n'avez jamais rien fait, ou peu de chose, pour vous procurer une existence que vous devez au hasard de votre naissance ; vous qui n'avez jamais subi les angoisses de la faim, vous vous sentez forts, vous ne comprenez pas que l'ouvrier sente son courage, son énergie l'abandonner et qu'il fuie un intérieur de famille où il ne voit que désolation, quand il n'y trouve pas l'enfer. En effet, exténué de fatigue par un travail dont la paie ne peut suffire aux besoins de sa famille, il s'exaspère ; la femme, qui devrait être par sa nature l'ange consolateur de la famille, en devient la marâtre, s'en prenant au mari de ce qui n'est que le résultat de la mauvaise organisation de la société industrielle.

Nous qui avons subi toutes ces misères, nous savons ce qu'il faut de courage et de rare énergie pour ne point arriver à cette ignoble dégradation dans laquelle l'ouvrier cherche, comme le fumeur d'opium, des rêves trompeurs d'un bonheur qu'il ne doit jamais connaître et l'oubli des privations qu'il retrouvera plus vives, plus aiguës en raison de l'irritation, résultat inévitable d'une conduite qui aggrave ses maux au lieu de les détruire.

Nous affirmons, sans craindre d'être démenti par les travailleurs, nos frères, qui nous lirons, que cet ignoble défaut disparaîtra avec la génération actuelle, en rendant le travail plus fructueux et par conséquent plus attrayant, de manière à permettre au travailleur de pouvoir subvenir à ses besoins et à ceux de sa famille, dont l'augmentation doit cesser d'être une cause de misère; de pouvoir donner à son intérieur le modeste confortable qui le lui fera aimer, et à ses enfants une instruction intelligente, plus professionnelle que savante; que celle de ses filles soit surtout moins négligée, qu'on leur apprenne tout ce qu'il est utile qu'elles sachent dans un ménage sagement dirigé.

Si nous mentionnons ici l'éducation des femmes, c'est que l'on ne peut nier l'influence toute particulière que la femme exerce sur l'existence et sur la destinée de l'homme. Les premières impressions que nous recevons dans notre enfance déterminent presque toujours notre avenir.

Notre but principal, en créant cette association, est donc de moraliser en même temps qu'organiser, et d'apporter un remède au triste état de misère dans lequel se trouve le travailleur intelligent dans l'industrie qui nous occupe. Nous devons le dire franchement, si nous nous associons les patrons, c'est que nous avons la conviction qu'ils comprendront que l'Association ayant pour but le bien-être de tous, le riche fabricant trouvera en elle, dans le maintien des prix, une garantie contre la dépréciation de ses produits, qui est une perte certaine en raison des bénéfices qu'exigent toujours une fabrication de premier ordre et une réputation acquise et bien méritée, le petit fabricant associé aura la certitude du placement de ses produits à l'Association sur un prix de revient qui lui assurera un bénéfice certain et la ressource du travail à façon qui ne l'exposera pas à la vente souvent à perte de ses produits, en lui laissant un prix de façon souvent inférieur à ceux des derniers des ateliers.

Le marchand associé est considéré comme l'agent-placeur de l'Association, qui lui vend ses produits à des prix qui ne permettent pas la concurrence, et par le mécanisme des remises, qui ne sont pas faites aux ventes bourgeoises, lui permet, pour ainsi dire, d'avoir le monopole de la vente, tout en ayant la faculté de vendre le prix qu'il lui convient.

Nous terminerons là les considérations que nous avions à faire valoir en faveur de notre projet ; nous engageons nos lecteurs à nous lire avec attention et à se convaincre de l'utilité de ce que nous proposons dans l'intérêt général de notre corporation.

Unissons nos efforts commun dans un intérêt personnel bien entendu ; donnons un nouvel essor à l'industrie, en faisant que le producteur devienne lui-même consommateur, donnant l'exemple de l'ordre d'une grande association industrielle qui, imitée par tous les travailleurs des autres industries, doit être une nouvelle source de bonheur et de prospérité pour notre belle France ; faisant enfin de tous les travailleurs une seule et même famille et fermant à tout jamais l'antre des révolutions.

Les adhésions au présent projet d'Association seront reçues à Paris, chez M. Coster, boulevart Beaumarchais, n° 17, qui donnera tous les renseignements que l'on pourra désirer, de neuf heures du matin à midi.

M. Philippe, sculpteur, faubourg Saint-Antoine, n° 91, au quatrième étage.

Des registres y seront déposés pour les recevoir.

Toutes les adhésions de province devront être adressées par lettres affranchies, chez M. Coster, dénommé ci-dessus, auteur du projet.

Dès qu'il y aura un nombre suffisant d'adhérents, ils seront convoqués en assemblée générale pour nommer le Gérant et le Comité de surveillance. Un acte sera passé devant notaire, et l'Association sera constituée. Elle fonctionnera, lorsqu'un capital présumé nécessaire sera réalisé. Le lieu où seront reçues les actions, conformément aux statuts, sera ultérieurement indiqué.

Ont adhéré :

Coster, menuisier en fauteuil, boulevart Beaumarchais, 17;

Philippe fils, sculpteur, faubourg Saint-Antoine, 91;

Levillain, menuisier en fauteuil, rue d'Aval, 14;

Bourdonnais, menuisier en fauteuil, rue de Charonne, 47.

Poirrier, ébéniste, rue Sedeyne, 50;

Lavé, fabricant ébéniste, rue Fontaine-au-Roi, 47;

Philippe, menuisier en fauteuil, rue de Charonne, 17;

Gounsart, menuisier en fauteuil, rue des Juifs, 17;

Lecler, menuisier en fauteuil, rue de Lappe, 55;

Cadou, menuisier en fauteuil, rue de Charonne, 95;

Les soussignés ont résolu de fonder entre Ouvriers, Fabricants, Marchands, Commissionnaires, une Asso- CIATION COMMERCIALE ET INDUSTRIELLE, pour l'exploita- tion, au profit de tous, de leur industrie, et ce, dans toute l'étendue du territoire français, afin de mettre les travailleurs de bonne volonté dans la possibilité d'améliorer leur position, d'éviter le chômage, d'entrer dans la voie d'un affranchissement progressif, de faire cesser cet antagonisme des castes en les réunissant dans un intérêt commun, et d'arriver, par ce moyen, à la pratique de la devise de notre révolution :

LIBERTÉ, ÉGALITÉ et FRATERNITÉ.

En conséquence, les soussignés ont dressé le présent contrat qui renferme les conditions principales de leur Association. Il est l'expression de leur volonté com- mune et de leur engagement.

Toutes les adhésions sont libres et volontaires ; tous les industriels des catégories ci-dessus sont appelés. Nul n'est exclu ni ne peut être contraint de faire partie de l'Association, ni d'y rester ; mais tout sociétaire, pendant tout le temps qu'il en fera partie, s'engage de la manière la plus formelle à exécuter scrupuleusement les conditions ci-après stipulées, et à ne profiter d'au- cun moyen quelconque pour s'y soustraire.

2

Des bases de l'Association.

Art. 1er. — L'Association est indissoluble ; son capital est inaliénable et illimité ; sa durée sera de *quatre-vingt-dix-neuf* ans. A sa dissolution, le capital sera employé à fonder un établissement de bienfaisance et de secours en faveur des diverses catégories de l'Association.

Art. 2. — L'Association est constituée de fait :

Lorsque cent sociétaires auront versé le montant entier de leur action et que cent autres sociétaires auront versé au moins le huitième.

Art. 3. — La Société fonctionnera lorsque mille actions auront été versées entièrement et le HUITIÈME des mille autres.

Art. 4. — L'Association, pour se constituer, réunira en assemblée générale tous ses adhérents, sous la présidence du plus ancien. L'assemblée procèdera à la formation d'un bureau provisoire, puis à l'élection du gérant, après avoir lu toutefois à l'assemblée les statuts, clauses et constitutions de l'Association, formulés ainsi qu'il suit.

Art. 5. — Comme complément à l'article précédent, il est bien entendu que les deux cents sociétaires nécessaires à la fondation de la Société devront avoir leur domicile à Paris ; les deux mille autres nécessaires pour fonctionner pourront être pris dans toute la France.

Art. 6. — Ont droit à l'Association tous fabricants et ouvriers exerçant une des catégories de l'industrie de l'Association ; y ont également droit les commissionnaires et marchands vendant spécialement les produits de ces industries. Ils jouiront des avantages attachés à leurs catégories.

Art. 7. — Ne pourront occuper ni exercer aucun emploi dans l'Association, savoir : tout citoyen qui

n'est point né en France ou naturalisé ; tout citoyen
privé de ses droits civils ; tout failli non réhabilité, et
tous ceux ayant subi une condamnation entraînant une
peine infamante ou afflictive.

Art. 8. — L'Association a pour but d'assurer de
l'ouvrage en toute circonstance à l'ouvrier sans travail,
et personnellement de faire jouir les fabricants associés
de toutes les commandes faites à l'Association et qu'elle
ne peut confectionner elle-même ; de garantir aux commissionnaires et marchands un bénéfice certain et une
garantie de bonne confection ; d'arriver par tous les
moyens possibles, soit mécaniques ou autres, à faire
mieux, pas plus cher, et faire gagner à l'ouvrier davantage, laissant la Société juger elle-même de l'opportunité de l'augmentation ou diminution des salaires au
prix de façon ; de créer dans l'Association une banque
de crédit solidaire entre tous les travailleurs et sociétaires ; de créer des écoles relatives à l'industrie de
l'Association et à la comptabilité commerciale, et d'organiser des secours pour les malades et les vieillards.
— Chaque division aura ses écoles.

Capital.

Art. 9. — Le capital est illimité et inaliénable. Il se
compose de tous les instruments de travail, des outils,
des matières premières, des produits de ces matières,
et de l'argent servant aux opérations de l'Association.

Art. 10. — Le capital est formé : 1° d'une première
mise d'admission de dix francs par sociétaire ; 2° des
actions des sociétaires ; 5° des fonds prêtés à l'Association par des capitalistes à intérêt sans participation
aux bénéfices ; 4° et du prélèvement annuel d'un cinquième du bénéfice net.

Art. 11. — Le capital est indivisible ; chaque associé, en jouissant des avantages de l'Association, s'engage à abandonner au fonds social le cinquième de son

bénéfice net, et un autre cinquième pour la caisse de secours et de retraite, pour les écoles spéciales de la Société et pour la formation de la banque de crédit et de réserve, et, à cause des avantages sociaux dont il jouit, il renonce à toute réclamation sur ce fonds, même en quittant l'Association.

Art. 12. — Le versement d'admission est destiné aux premiers frais d'installation, à augmenter son matériel, et à former la banque et la caisse de secours. Une fois fait, nul ne peut être admis à en réclamer la restitution, même en quittant l'Association. Ce versement ne porte aucun intérêt ; c'est un don fait en entrant dans la Société.

Art. 13. — Chaque sociétaire sera actionnaire, et chaque action ne sera qu'un prêt fait à l'Association, portant intérêt à cinq pour cent l'an. Les actions seront au porteur ; elles seront détachées d'un livre à souche et numérotées ; elles ne pourront, dans aucun cas, être données ou reçues en paiement que d'un commun accord.

Art. 14. — Chaque action est fixée à deux cents francs, payables facultativement, soit en totalité, soit par fraction de un franc par semaine.

Art. 15. — Il sera remis à chaque actionnaire, payant par fractions, un livret où seront inscrites les sommes par lui versées, jusqu'à complément de l'action, qui alors seulement lui sera remise.

Art. 16. — Tout sociétaire voyageant ou changeant de résidence, peut payer ses fractions d'actions dans tous les établissements de l'Association où il se trouve, ou bien dans l'établissement le plus voisin, en ayant soin, à chaque changement de résidence, de faire arrêter son compte et apposer la signature du receveur et le timbre ou cachet de l'Association.

Art. 17. — Il sera reçu en acquit de l'action et comme valeur, tout matériel ou instrument de travail, toutes matières premières ou produits de ces matières, dont l'estimation sera faite contradictoirement d'après les prix de facture de première main, et de fabrication sur les prix de façon de la Société.

Art. 18. — Toutefois, l'Association ayant acquis un matériel suffisant ne pourra plus en recevoir ; il en sera de même pour les matières premières et pour les produits de ces matières.

Art. 19. — Les actions ne seront délivrées qu'aux catégories de l'industrie de l'Association, et il pourra en être délivrées plusieurs au même sociétaire sans que cela lui donne plus de droits, soit pour voter et délibérer dans les affaires de la Société, soit pour recueillir les bénéfices qui seront personnels.

Art. 20. — Tout sociétaire n'aura droit à l'intérêt et au partage des bénéfices, qu'autant qu'il aura complété son action. L'intérêt partira du jour du complément de l'action ; son droit bénéficiaire ne peut compter qu'une année après le prochain partage des bénéfices.

Art. 21. — La vente d'une action ne fait perdre au vendeur que son droit à l'intérêt, mais jamais son droit au bénéfice, qu'il ne peut aliéner, ni au travail qu'il ne perd jamais, ni son droit à voter et délibérer dans les affaires sociales.

Art. 22. — Est électeur et éligible à tous les emplois de la Société et a voix délibérative, tout sociétaire qui a versé la totalité ou le huitième de son action, et qui se trouve au pair au moment des élections. Est considéré au pair celui qui verse exactement sa cotisation d'un franc par semaine.

Art. 23. — Toute action devra être acquittée dans le délai de cinq ans, faute de quoi, à l'expiration de ce temps, les sommes versées seront perdues pour le sociétaire et retourneront à la banque de crédit et de réserve, destinée à former la banque centrale de toutes les associations, pour faciliter leur rapport entre elles, comme transactions commerciales, et à venir en aide aux associations, soit pour se fonder, soit pour les moments de crise, pour leur éviter de se mettre à la merci des capitalistes et des usuriers.

Art. 24. — Il sera perçu cinq pour cent sur les intérêts des actions et sur les bénéfices à toucher, pour être employés de la même manière que les fonds de l'article 23.

Art. 25. — Toute veuve non remariée a droit aux bénéfices de la Société sa vie durant ; en se remariant elle perd ses droits, mais les enfants du défunt ont droit pour leur part capitalisée qui leur sera comptée à vingt ans accomplis, s'ils ne font point partie de l'Association ou de toute autre avant cet âge. Dans ce cas, ils n'auraient droit que jusqu'au jour de leur admission dans la Société ou dans une autre, pour leur part de bénéfice. En cas de mort, leur part échue est versée à la banque pour servir au même usage indiqué dans l'article 23, et est considérée comme appartenant à la Société.

Art. 26. — L'Association se réserve le droit de pouvoir rembourser les actions à volonté et quand elle le jugera convenable. Il sera décidé par le sort, en procédant sur un nombre vingt fois plus fort que les actions à rembourser, et en suivant toujours leur numéro d'ordre. Les numéros sortants seront mentionnés au journal.

Art. 27. — Les bénéfices, s'il y en a, seront partagés tous les ans à la même époque. Le prélèvement en sera fait sur la masse des affaires de la Société ; déduction des frais généraux, tels que paiement des employés, location, impositions, remises, etc., etc., et il sera remis aux sociétaires sur la présentation de leur titre et de leur reçu.

Dispositions particulières.

Art. 28. — L'Association étant constituée et son capital suffisant pour fonctionner, déclarera Paris comme étant le centre de son administration et devant servir de modèle à tous les autres établissements de la Société qui devront suivre son impulsion et son exemple ; à cet effet, on devra apporter dans sa fondation tout l'ordre et toute la prudence qu'exige une pareille entreprise ; il sera donc créé : 1º — Des ateliers assez vastes pour les besoins de l'Association ; des magasins suffisants pour contenir les matières premières, les produits de ces matières et les marchandises provenant de commandes, d'achats directs ou de trôle.

Art. 29. — La Société devra d'abord s'occuper des ateliers de chômage, afin de venir en aide aux ouvriers sans travail. Tout sociétaire a le droit au travail, tout autant que son action est au pair ; a également droit au travail tout ouvrier qui, ne faisant point partie de l'Association, s'engagerait, en y réclamant du travail, à en faire partie, et en se conformant aux règlements et statuts de la Société.

Art. 50. — Devra laisser un cinquième au moins de son salaire tout sociétaire qui, réclamant du travail à la Société, ne serait point au pair de son action. Il en sera de même pour celui qui n'en faisant point encore partie, n'a par conséquent fait aucun versement.

Art. 31. — Sauf le droit au travail et à l'instruction, aux secours et à celui d'achat à la Société avec ses avantages, tout sociétaire ne pourra jouir des autres avantages ainsi qu'il est dit à l'article 20, qu'un an après le premier partage à faire.

Art. 32. — L'Association ne paie, dans ses ateliers de chômage, que les prix de façon aux journées, qu'aux prix les plus bas au jour de sa formation, sans jamais les diminuer davantage, pouvant les augmenter progressivement et de façon à ne point causer de perturbation dans l'industrie. L'Association pourra toutefois, suivant l'opportunité et les circonstances, modifier les prix sans jamais les descendre au-dessous des prix primitifs.

Art. 53. — Les prix de façons ou de journées dans l'atelier de commande, seront de dix pour cent plus élevés que dans l'atelier de chômage et serviront de base pour les commandes à faire aux fabricants.

Art. 54. — L'Association, en ne payant dans ses ateliers que les prix les plus bas pour l'atelier de chômage, a pour but d'arrêter cette concurrence qui n'a pour résultat que la misère toujours croissante du travailleur, d'arriver soit en élevant d'une manière progressive et sans perturbation, la main-d'œuvre, soit par l'élévation matérielle des prix, soit par des moyens mécaniques qui s'exploitant au profit de tous, permettraient, sans élever la main-d'œuvre, de faire gagner davantage à l'ouvrier. Il n'est point nécessaire de faire de plus longues explications ; on doit comprendre, en lisant ce projet, que l'Association veut régulariser la concurrence en réglant les prix, afin qu'il n'y ait plus d'autres concurrences que le plus ou moins de perfection dans le travail.

Art. 55. — Toute augmentation de tarif se fera pour trois mois, et il ne pourra en être fait une autre qu'à l'expiration de ce temps. Toute diminution ne peut descendre au-dessous du tarif primitif, et cette mesure ne serait maintenue qu'autant que les circonstances l'exigeraient.

Art. 56. — Le tarif primitif ne pourra être diminué que dans le cas où, par des moyens mécaniques, l'Association produisant davantage, aurait besoin d'ouvrir des débouchés à ses produits, et que la différence du travail par les moyens mécaniques permettraient à l'ouvrier, malgré la diminution du tarif primitif, de gagner au moins trente pour cent en plus, comme si le tarif avait subi cette augmentation, sans l'emploi des mécaniques.

Art. 57. — Dans les divisions, etc., etc., les prix seront basés sur les prix les plus bas des localités et suivant l'impulsion donnée par l'administration centrale, soit en hausse, soit en baisse. Dans les localités peu importantes, où il ne sera pas formé d'établissement, les ouvriers sociétaires, voulant travailler en Société et n'ayant presque jamais de chômage, il serait inutile d'y établir deux prix ; mais ils se conformeront au mode, au règlement et aux statuts de l'Association, en se ralliant à l'établissement central le plus rapproché.

Art. 38. — Le Comité de surveillance, sous la présidence du gérant, ou en son absence, du sous-gérant, a seul le droit de décider, à la majorité des voix, l'opportunité de l'augmentation ou diminution des prix de façon. En cas du partage des voix, la priorité sera en faveur de l'ouvrier.

Art. 39. — L'Association achète et vend toute espèce de marchandises propres à son industrie, telles que matières premières et les produits de ces matières. Elle fait toutes ses affaires au comptant et ne souscrit jamais de billets, que les traites dont elle dispose sur ses commettants, marchands et commissionnaires et qu'elle peut passer dans le commerce.

Art. 40. — Elle vend les produits de ses ateliers ou de ses commandes et des achats à la trôle, en fixant le prix de revient d'abord, et vingt-cinq pour cent en dehors pour son bénéfice et pour les avantages offerts aux sociétaires.

Art. 41. — Les marchandises seront marquées à la marque de la Société avec indication de garantie ou non-garantie. La trôle n'est pas garantie.

Art. 42. — Le prix de vente sera marqué sur chaque article en prix connu, d'une manière très exacte. L'Association, ne voulant point tromper personne, ne peut surfaire ses prix.

Art. 43. — Les ventes bourgeoises seront faites aux prix marqués, au comptant, sans aucune remise ni sans emballage.

Art. 44. — Les marchandises à provenir de la trôle, dans les moments de crise commerciale, ne pourront être achetées au-dessous du vrai prix de revient qui sera basé sur le prix de façon payé à l'atelier de chômage, et sur la valeur des matières premières. Il est bien entendu que quoique trôle, l'ouvrage devra être solide et passablement fait ; dans le cas contraire, le prix sera débattu d'un commun accord.

Étrangers.

Art. 45. — Pour faire partie de l'Association, tout étranger doit avoir au moins cinq ans de résidence en France ; mais en donnant sa mise d'admission et en versant son action dans l'espace de ces mêmes cinq années, et étant au pair, il a droit au travail dans l'atelier de chômage et aux secours en cas de maladie, en se conformant aux règlements de l'Association.

Art. 46. — Ne pourra exercer aucun emploi à la Société, ni par conséquent être électeur, s'il n'est naturalisé Français, ou marié à une Française, ce qui alors lui donnerait le droit à tous les avantages de l'Association, comme tout sociétaire né Français et suivant la catégorie à laquelle il appartiendra.

Art. 47. — Tout étranger, en quittant la France pour se fixer au dehors, soit pour toujours ou momentanément, perd tous ses droits à la Société, sauf l'intérêt de son action.

Art. 48. — Il peut être dérogé à l'article précédent, toutes les fois que l'on agira dans l'intérêt de l'Association et avec autorisation et pouvoir donnés par elle.

Commissionnaires et marchands.

Art. 49. — Il sera fait à tout sociétaire, commission-naire ou marchand faisant ses achats à l'Association, une remise de dix pour cent, le *franco* d'emballage et trois mois de terme. Le *franco* d'emballage ne sera ac-cordé que pour un achat d'au moins six cents francs.

Art. 50. — Le crédit ne sera ouvert que sur l'avis du Comité de surveillance qui sera juge de sa quotité, et qui pourra le limiter ou le supprimer, suivant les circons-tances. Dans ce dernier cas, il sera fait une remise au comptant de cinq pour cent. Cette remise sera accordée à tout sociétaire, commissionnaire ou marchand voulant jouir de l'escompte.

Art. 51. — Il sera fait à tout marchand, non socié-taire, sur la présentation de sa patente et son identité reconnue, faisant ses achats à la Société, une remise de cinq pour cent, le *franco* d'emballage, trois mois de terme ou cinq pour cent au comptant, et un crédit pourra lui être ouvert sur l'avis du Comité de surveillance.

Art. 52. — La banque sociale étant organisée, tout sociétaire, marchand de meubles ou commissionnaire, pourra s'y faire ouvrir un crédit spécial. Ladite banque devant être organisée au profit de tous, doit offrir à tous des avantages.

Art. 53. — Indépendamment des avantages stipulés dans les articles 49, 50, 51 et 52, les sociétaires, mar-chands et commissionnaires jouissent également des bénéfices que fait l'Association ; ils ont le droit de voter, d'élire et d'être éligibles. Ils ont droit au travail person-nellement, et aux prix de façon payés par la Société, en se conformant aux règlements pour la bonne confection de la main-d'œuvre.

Art. 54. — Il sera fait une remise de 15 p. cent au lieu de 10 aux sociétaires et de 8 p. cent, au lieu de 5, aux non sociétaires, pour toute marchandise confectionnée, expédiée et livrée sans emballage, mais sans garantie d'avarie.

Art. 55. — L'Association garantit, à ses associés seulement, toutes les avaries quelles qu'elles soient pour ses marchandises emballées par elle, sauf son recours à qui de droit.

Elle garantit ses produits pendant un an sous le rapport de la solidité, de la confection et de la bonne qualité des bois ; mais seulement aux sociétaires. Toute marchandise garantie devra porter une marque portant GARANTIE.

Art. 56. — Perd ses droits à l'Association tout commissionnaire ou marchand changeant d'industrie. N'en perd aucun celui qui ne fait que quitter les affaires pour vivre de son bien ou de ses revenus.

Fabricants.

Art. 57. — Tout sociétaire fabricant, indépendamment des avantages communs aux sociétaires, jouira des avantages suivants.

Art. 58. — Tout fabricant sociétaire a droit à toutes les commandes que l'atelier de l'Association ne pourrait ou ne jugerait pas convenable de faire. Les travaux seront répartis entre tous les fabricants sociétaires suivant leur partie respective et dont les prix d'achats seront basés sur l'estimation faite par le Comité nommé *ad hoc*.

Art. 59. — Le Comité d'estimation se basera, pour la fixation des prix des articles connus et portés au tarif, d'abord, sur le prix de façon payé par l'Association dans les ateliers de commandes, sur une estimation large de la valeur des matières premières et sur un bénéfice net de 5 p. cent pour le fabricant.

Art. 60. — Pour tous travaux nouveaux, non portés au tarif, le Comité d'estimation réunira les membres supplémentaires du Comité nommés à cet effet et choisis parmi les fabricants et les ouvriers ; il fixera les prix qui deviendront définitifs.

Art. 61. — Les travaux et les commandes, remis aux fabricants par l'Association, devront être exécutés convenablement et conformes aux modèles, dessins et mesures donnés et seront reçus par le Comité d'estimation. En cas de contestation, les membres supplémentaires seront appelés en conciliation.

Art. 62. — Tout fabricant sociétaire s'engage, par le fait de son adhésion à l'Association, à payer, dans ses ateliers à lui, les prix de façons réglés par la Société dans ses ateliers de commandes, sans quoi il perdrait ses avantages et renoncerait de fait à l'Association qui se trouverait dégagée de ses engagements envers lui.

Art. 63. — Tout fabricant peut refuser les commandes de l'Association sans pour cela qu'il perde ses droits ; mais il devra, si on l'exige, motiver son refus.

Art. 64. — Tout fabricant qui tromperait la bonne foi de l'Association dans la confection des commandes ou de toute autre manière, peut être privé de travaux momentanément, ou pour toujours s'il y a récidive, sans préjudice de ses autres droits.

Art. 65. — L'Association, dès qu'elle sera en mesure de le faire, vendra aux sociétaires les matières premières, tels que bois des îles en bille ou en bûche à 10 p. cent de bénéfice ; mais au comptant, achetant ainsi de première main, elle doit offrir des avantages.

Les placages et bois indigènes et autres articles, se vendront de gré à gré, mais de manière à présenter des avantages qui ne pourraient être trouvés ailleurs.

Art. 66. — L'Association pourra traiter de gré à gré avec tout sociétaire ou non sociétaire qui aura inventé soit de nouveaux modèles, soit des machines ou outils pouvant améliorer la main-d'œuvre et augmenter le bien-être de l'Association.

Ouvriers.

Art. 67. — Tout ouvrier a le droit au travail en cas de chômage, et partage dans les bénéfices de la Société. Il a voix délibérative, est électeur et éligible à tous les emplois de l'Association.

Art. 68. — Il y aura deux catégories d'ouvriers : *Première classe* et *deuxième classe ;* la première classe se composera d'ouvriers qui, reconnus capables par leurs camarades, présenteront les garanties d'un bon travail. Admis, ils recevront un diplôme délivré par le Comité et signé par le gérant de l'établissement, soit à Paris, soit dans les divisions.

Art. 69. — Est considéré de deuxième classe tout ouvrier sortant d'apprentissage et ne présentant pas les garanties ci-dessus, et il restera tel tant qu'il ne les aura pas acquises. Les ouvriers de deuxième classe reconnus capables, seront reçus dans les divisions de première classe de l'Association.

Art. 70. — Les ouvriers de première classe seront reçus et gardés de préférence dans les ateliers de commandes, et, en cas de chômage, ils tireront au sort pour passer dans l'atelier de chômage.

Art. 71. — Tout ouvrier sociétaire devra se conformer aux règlements des ateliers. Ils seront affichés afin que chacun puisse en prendre connaissance.

Art. 72. — Les ouvriers sociétaires désirant travailler chez eux à façon pour l'Association, il ne leur sera pas tenu compte des fournitures, ordinairement à la charge des ouvriers à façon, qui resteront à leur charge.

Art. 73. — Tout ouvrier sociétaire a droit aux secours de l'Association en cas de maladie; il lui sera alloué deux francs par jour et les soins du médecin de la Société. En cas de maladies incurables ne lui permettant plus de travailler, il recevra une pension annuelle de cinq cents francs, payable par mois, dans laquelle sera comprise sa part bénéficiaire. Il en sera de même pour tout ouvrier ayant atteint soixante-cinq ans.

Art. 74. — Pour jouir des avantages de l'art. 73 précédent, il faut ne pas avoir plus de quarante-cinq ans, être sain de corps et d'esprit, ne posséder aucune infirmité en entrant dans l'Association et avoir payé intégralement son action.

Art. 75. — Par dérogation à l'article 73, si les bénéfices de l'Association s'élevaient à plus de cinq cents francs pour chacun, chaque pensionnaire recevrait la somme telle qu'elle serait, les cinq cents francs étant considérés comme le *minimum* de la pension de retraite.

Art. 76. — Les trois articles précédents, 73, 74 et 75, ne seront applicables qu'après la troisième année du fonctionnement de la Société, et nul ne pourra jouir de ces avantages qu'un an après les trois années révolues et le paiement intégral de son action.

Art. 77. — Les articles 73, 74, 75 et 76 ne seront applicables qu'aux ouvriers et employés. Aucune des autres catégories de l'Association, comme marchands, commissionnaires et fabricants, ne peut y avoir droit.

Art. 78. — Tout ouvrier a le droit d'assister gratuitement aux écoles spéciales de l'industrie et du commerce, formées et entretenues aux frais de l'Association.

Art. 79. — Tout sociétaire, à quelque catégorie qu'il appartienne, après une absence de plus de deux années à l'étranger, perdra sa part de bénéfice pendant toute son absence et ses autres droits, à moins qu'il se soit muni d'une autorisation de l'Association.

Administration.

Art. 80. — L'administration se compose d'un conseil ou Comité administratif, siégant à Paris, d'un Comité de surveillance, d'un gérant et sous-gérant dans toutes les divisions, subdivisions et sous-subdivisions; d'inspecteurs-voyageurs attachés à l'administration centrale, d'un caissier et de divers employés.

Art. 81. — Comme nous l'avons déjà dit, le centre administratif de l'Association est à Paris; c'est là que doit d'abord se former l'Association, qui, quoique prenant ses sociétaires dans toute la France, ne doit former les autres établissements que lorsque celui de Paris marchera d'un pas ferme et assuré. L'Association se divise en trente-trois grandes divisions, qui se subdivisent en un certain nombre de départements composant les subdivisions, et en autant de sous-subdivisions qu'il sera jugé utile d'en créer.

TABLEAUX DES DIVISIONS.

ART. 82.

PREMIÈRE CLASSE.

DIVISIONS.	CHEFS-LIEUX.	SUBDIVISIONS DÉPARTEMENTALES.
1	Paris . . .	Seine. Seine-et-Marne. Seine-et-Oise. Oise.
2	Lyon . . .	Rhône. Loire. Isère. Ain. Saône-et-Loire.
3	Marseille. .	Bouches-du-Rhône. Var. Hautes-Alpes. Basses-Alpes. Vaucluse. Drôme.
4	Bordeaux. .	Gironde. Dordogne. Lot-et-Garonne.
5	Rouen. . .	Seine-Inférieure. Eure. Loire-Inférieure.
6	Nantes . .	Vendée. Morbihan.
7	Lille . . .	Nord. Pas-de-Calais.
8	Strasbourg .	Haut-Rhin. Bas-Rhin. Vosges.
9	Toulouse. .	Haute-Garonne. Gers. Tarn-et-Garonne. Tarn.
10	Tours. . .	Indre-et-Loire. Maine-et-Loire. Loir-et-Cher. Loiret.
11	Nîmes . . .	Gard. Hérault.

2ᵉ CLASSE.

DIVISIONS.	CHEFS-LIEUX.	SUBDIVISIONS DÉPARTEMENTALES.
12	Caen. . . .	Calvados. Manche.
13	Dijon. . . .	Côte-d'Or. Haute-Saône. Doubs. Jura.
14	Brest. . . .	Finistère.
15	Rennes . . .	Ille-et-Vilaine. Côtes-du-Nord.
16	Le Mans. . .	Sarthe. Mayenne. Orne. Eure-et-Loir.
17	Poitiers. . .	Vienne. Deux-Sèvres.
18	Bourges. . . .	Cher. Indre.
19	Moulins. . .	Allier. Nièvre.
20	Clermont-Ferrᵈ	Puy-de-Dôme.
21	Limoges. . . .	Haute-Vienne. Creuse. Corrèze.
22	Angoulême. .	Charente. Charente-Inférieure.
23	Metz.	Moselle.
24	Nancy. . . .	Meurthe. Meuse.
25	Troyes . . .	Aube. Haute-Marne. Yonne.
26	Carcassonne. .	Aude. Ariège. Pyrénées-Orientales.
27	Reims. . . .	Marne. Ardennes.
28	Amiens. . . .	Somme. Aisne.
29	Alger	Algérie.

3º CLASSE.

DIVISIONS.	CHEFS-LIEUX.	SUBDIVISIONS DÉPARTEMENTALES.
30	Le Puy . . .	Haute-Loire. Ardèche. Lozère.
31	Pau	Hautes-Pyrénées. Basses-Pyrénées. Landes.
32	Aurillac. . .	Cantal. Aveyron. Lot.
33	Corse. . . .	

Art. 83. — Chaque division se classe en 1re, 2e et 3e, suivant son importance présumée, soit pour les affaires, soit sous le rapport et le nombre des sociétaires qui les composent. Il y a onze divisions de 1re classe, dix-huit de la 2e et quatre de la 5e.

Art. 84. — L'établissement de chaque division sera fait par les soins des inspecteurs nommés à cet effet. Ils commenceront par les plus importantes, et ainsi de suite. Les subdivisions et sous-subdivisions seront, dans chaque division, organisées par les soins des gérants, qui pourront, à cet effet, donner des pouvoirs par délégation.

Art. 85. — Chaque division nommera, par élection, un délégué. Ces délégués formeront à Paris le Conseil général d'administration, qui prendra le titre de Comité administratif, dont les attributions seront déterminées plus loin.

Art. 86. — La formation des établissements des divisions aura lieu simultanément, autant que possible, suivant le classement du tableau, et lorsqu'un nombre suffisant permettra de le faire sans nuire aux intérêts généraux de l'Association. Chaque établissement devra présenter une importance en rapport avec les avantages qu'on en attend, et ne pas être une charge à l'Association.

Art. 87. — Il sera fait mensuellement, après chaque mois, pour chaque sous-subdivision, un rapport à la subdivision, et par celle-ci à la division, qui elle-même enverra le sien à Paris, et fera publier dans son journal la situation générale de la Société pour chaque mois révolu.

Art. 88. — Le Rapport devra contenir, d'abord, la rectification des erreurs qui auraient pu être commises dans un précédent; les sommes reçues pour acquit ou à compte d'actions, avec indication si c'est en numéraire, outils, matières premières, ou en produits de ces matières; les sommes reçues ou payées pour transactions commerciales et paiements des employés; un état comparatif de l'emploi des matières premières et de celles restant en magasin, du produit de ces matières y existant, de celles vendues, livrées et expédiées, avec explication de la nature de ces divers objets; la quantité d'ouvriers sociétaires employés dans l'atelier de commandes ou de chômage, des ouvriers sociétaires travaillant à façon, puis des fabricants ayant travaillé ou travaillant encore pour l'Association; ensuite le rapport devra indiquer et faire connaître les changements et mutations du personnel des employés; s'il serait utile de diminuer ou augmenter ce personnel; faire connaître l'état de la caisse et si l'encaisse est suffisant pour les besoins du service; s'il peut en être distrait des sommes inutiles là et utiles ailleurs; faire connaître les besoins, soit en valeur, soit en numéraire ou matières premières, et indiquer aussi le prix des matières premières dans la division, etc., etc.; les secours donnés aux malades, les pensions de retraite payées par la Société, et cela non nominativement, mais au moyen de numéros d'ordre se rapportant au registre qui contient les noms.

Art. 89. — Le rapport de chaque sous-subdivision

devra être rendu à la subdivision le 5 de chaque mois, et celui de la subdivision à la division le 10, et celle-ci à Paris le 20, pour que le rapport général puisse être imprimé et inséré dans le journal de la Société pour la fin du mois.

Un inventaire général sera fait en février et arrêté fin janvier; il résumera toutes les opérations de l'année, règlera les bénéfices, et sera inséré également au journal.

Art. 90. — Le journal de la Société, outre le compte rendu de la situation sociale, fera connaître, chaque mois, les mutations, les nominations ou destitutions d'employés, les séances du Comité administratif et ses décisions, toutes les nouvelles particulières et générales intéressant la Société; il présentera les dessins et plans des nouveaux produits de l'Association, ainsi que des outils nouveaux et des machines nouvelles à son usage.

Art. 91. — Le journal sera publié par abonnement au profit de l'Association.

Comité administratif.

Art. 92. — Le Comité administratif se composera des délégués des divisions nommés par élections et du Comité de surveillance de la 1re division siégeant à Paris. Il devra s'occuper des intérêts généraux de l'Association, de l'examen et contrôle des rapports faits, soit par les divisions, soit par les inspecteurs; il veillera à l'exécution des règlements et statuts de la Société, soit en rappelant par circulaire, ou tout autre moyen, les comités de surveillance, les gérants ou tous autres employés à la stricte exécution de leurs devoirs; il aura le droit, en cas de circonstances graves, telles que malversation, incapacité, négligence ou mauvaise volonté, et enfin dans tout ce qui pourrait être contraire aux intérêts de la Société, et sur avertissement préalable, de prononcer, soit des amendes à prélever

sur les bénéfices de l'employé ou sur ses appointements, la suspension ou la destitution, et, dans ce dernier cas, il pourra prononcer, soit à temps ou pour
toujours, la perte des droits d'électeur ou d'éligible.

Le Comité devra déterminer par un règlement les
cas répréhensibles, pour l'application des pénalités
portées au paragraphe précédent.

Art. 93. — Le bureau sera formé d'un président,
d'un vice-président et de deux secrétaires. Le gérant
de la 1re division fera partie du Comité administratif
et sera chargé de faire exécuter ses décisions.

Art. 94. — Les délégués au Comité administratif
seront nommés pour cinq ans comme les gérants, et
devront résider à Paris. Il ne leur sera alloué aucune
indemnité, mais ils auront le droit, s'ils le désirent, et
sur leur demande, de travailler à l'atelier de commandes.

Art. 95. — Le Comité administratif se divisera en
autant de comités particuliers qu'il sera nécessaire
pour la prompte expédition des affaires. Il y aura Assemblée générale une fois par semaine.

Art. 96. — Lorsque quelques événements extraor-
dinaires compromettant les intérêts de l'Association ou
tendant à en compromettre l'harmonie viendront à la
connaissance du Comité administratif, il devra se réunir
extraordinairement afin d'aviser suivant l'urgence.

Art. 97. — Toute proposition faite, soit par un comité de surveillance, soit par un ou plusieurs sociétaires, tendant à modifier, ajouter ou annuler un ou
plusieurs articles des contrat, règlements ou statuts de
l'Association, devra d'abord être discutée par le Comité
administratif, et ne sera définitivement adoptée qu'après
avoir été soumise à l'appréciation des comités de surveillance des divisions, subdivisions et sous-subdivisions, qui donneront leurs avis motivés, sur lesquels,

après examen et discussion, le Comité administratif
déterminera son vote.

Art. 98. — Tout auteur d'une proposition adressée
au Comité administratif pourra être admis à faire valoir
les motifs de sa demande, si elle est jugée être de quelque utilité.

Art. 99. — Les membres du Comité administratif
et de surveillance ne recevront aucun appointement ni
aucune indemnité, leurs fonctions étant purement ho-
norifiques.

Comité de surveillance.

Art. 100. — Le Comité de surveillance ne pourra
jamais être composé de plus de vingt membres et jamais
moins de douze, suivant l'importance de l'établissement, mais toujours de vingt pour les divisions. Les
membres pourront en être pris dans toute la division.

Art. 101. — Le Comité de surveillance dans chaque
division, subdivision et sous-division est chargé de sur-
veiller les opérations commerciales, et généralement
de veiller aux intérêts généraux de la Société. Tous les
employés, quels qu'ils soient, sont obligés, sur sa demande, de lui fournir tous les renseignements qu'il peut
désirer. De son côté, le Comité doit donner à l'inspecteur de la Société tous les renseignements dont il peut
avoir besoin pour faciliter ses recherches et son travail,
et le mettre à même d'apprécier la bonne administration
de l'établissement.

Art. 102. — Le Comité sera élu dans chaque établissement par la majorité des sociétaires; il sera renouvelé par tiers tous les quatre mois. Le tiers renouvelé
sera celui qui aura exercé la surveillance pendant ce
même espace de temps; c'est-à-dire que le premier tiers
tiré au sort dans le Comité (le gérant excepté) devra,
chaque séjour, dans un jour indiqué par lui, prendre connaissance de la comptabilité, de la tenue de la caisse et

des affaires de la Société, et faire son rapport au Comité réuni en assemblée une fois par mois.

Art. 103. — Tout membre du Comité de surveillance, comme tiers sortant ou démissionnaire, ne pourra être réélu que quatre mois après son remplacement au Comité.

Art. 104. — Le bureau se compose du gérant-président, d'un vice-président nommé par élection dans le Comité, ainsi que les deux secrétaires.

Art. 105. — Les Comités de surveillance ont seuls le droit, et, à Paris, le Comité administratif, de fixer les émoluments et appointements des employés de l'administration.

Gérants.

Art. 106. — Les gérants seront nommés dans chaque division et subdivision, etc., etc., à la majorité des votes auxquels à Paris prendront part les délégués des divisions de l'Association. Le gérant n'est que moralement responsable, et doit posséder les capacités nécessaires pour diriger un établissement aussi important que celui de l'Association.

Art. 107. — Le gérant est nommé pour cinq ans, et ne pourra, pendant ce temps, être remplacé, à moins de cas graves, et sur l'avis du Comité administratif. Le gérant pourra être réélu.

Art. 108. — Quoique le gérant n'ait qu'une responsabilité morale, si, de son fait, il survient un cas de malversation, le Comité administratif à le droit de mettre arrêt sur ses appointements ou sur sa part de bénéfice, afin de couvrir la Société.

Art. 109. — Le gérant seul a la signature de l'Association dans chaque division, etc., etc., et, en cas d'absence ou de maladie, le sous-gérant signera, *par délégation du gérant.* Toutes les traites devront être contresignées par le caissier.

Art. 110. — Le gérant vend, achète et fait toutes les affaires de l'Association dans sa division, etc., etc. L'Association achetant tout au comptant, le gérant ne peut souscrire d'obligations, billets à ordre au nom de la Société, ni au sien, sans l'autorisation du Comité de surveillance.

Art. 111. — Le gérant nomme à tous les emplois dans sa division, etc., etc.; il doit, de préférence, à moins d'impossibilité, choisir les employés parmi les sociétaires. Ses nominations devront être approuvées par le Comité de surveillance, qui devra connaître de l'urgence des emplois et des garanties que chacun peut offrir.

Art. 112. — Le gérant présidera le Comité de surveillance, et devra rendre compte de sa gestion toutes les fois que le Comité l'exigera.

Art. 113. — Le gérant, ou sur sa délégation, le sous-gérant, a seul le droit de délivrer les mandats pour recevoir à la caisse. La cause et la nature de ces mandats devront y être motivées.

Sous-gérant.

Art. 114. — Le sous-gérant, comme tous les autres employés de l'administration, sera nommé par le gérant avec approbation du Comité de surveillance.

Art. 115. — Le sous-gérant sera chargé spécialement de la direction des travaux, tiendra le compte personnel des ouvriers sociétaires dans les deux ateliers de commande et de chômage; il déterminera ce qu'ils doivent recevoir chaque semaine, et délivrera des bons qui seront contresignés par le gérant et payés à la caisse.

Art. 116. — Il tiendra sa comptabilité de manière à pouvoir faire un prompt et facile inventaire des matières employées et de celles restant en magasin. En conséquence, il sera donné, jour par jour, connaissance de celles employées, de la nature de l'emploi, du nom de l'ouvrier qui les aura reçues, de l'atelier et du numéro de son établi.

Art. 117. — Il pourra, avec l'approbation du gérant et du Comité de surveillance, nommer des contre-maîtres et autres employés subalternes se rattachant à l'atelier.

Art. 118. — Comme il est dit à l'article 109, le sous-gérant peut remplacer le gérant par délégation.

Art. 119. — Les mesures d'ordre et les règlements intérieurs des ateliers regardent particulièrement le sous-gérant, qui les fera approuver par le gérant et par le Comité de surveillance.

Inspecteurs-voyageurs.

Art. 120. — Les inspecteurs-voyageurs sont nommés, comme tous les employés, par le gérant, avec l'assentiment du Comité administratif. Leur nombre n'est point limité; il en sera nommé autant que les besoins l'exigeront; leurs fonctions consistent à visiter successivement tous les établissements de l'Association, et à se rendre dans tous les endroits que jugera convenable de leur indiquer l'administration. Ils devront se faire rendre compte dans les divisions, subdivisions et sous-subdivisions, de toute la comptabilité, et veilleront à ce qu'elle soit toujours tenue conformément aux règlements; ils indiqueront aux gérants, pour qu'ils y portent leur attention, les parties qui peuvent manquer d'ordre ou de précision; ils seront chargés de former tous les établissements jugés nécessaires par l'Association; ils recevront les plaintes, réclamations et propositions, feront un rapport tous les huit jours au moins à l'administration centrale, à Paris, à laquelle ces employés sont spécialement attachés.

Art. 121. — Les inspecteurs sont les représentants de l'administration centrale qui, elle-même, représente l'Association. Tous les employés des divisions, etc., doivent, sur leur demande, leur livrer, pour en prendre connaissance dans les bureaux, tous les livres de la comptabilité, et leur fournir tous les renseignements qu'ils peuvent désirer.

Art. 122. — Il sera alloué à chaque inspecteur des appointements et frais de voyage suffisants pour représenter dignement l'Association, et en rapport avec les connaissances nécessaires et toutes spéciales qu'exige une telle place ; ils doivent avoir une connaissance parfaite de l'industrie et de la comptabilité, jointe à une grande sévérité dans l'exercice de leurs fonctions, tout en y apportant un esprit de conciliation et de justice basé sur une moralité et une conduite irréprochables.

Caissier.

Art. 123. — Le caissier est nommé par le gérant qui en est moralement responsable, comme de tous les employés de l'administration nommés par lui. Le caissier doit fournir caution ou verser un cautionnement à la Société, déterminé par le Comité administratif qui en paiera l'intérêt à 5 p. cent.

Art. 124. — Le caissier est chargé de faire toute espèce de paiements, de faire opérer les rentrées des factures ou des traites qui lui seront remises par le gérant ou par le teneur de livres.

Art. 125. — Il ne devra, dans aucun cas, donner de l'argent que sur les bons du sous-gérant pour la paie des ouvriers et pour tous autres paiements, sur bons et mandats du gérant ou de celui chargé de le remplacer pendant son absence. Les mandats ou bons devront être acquittés par les porteurs.

Art. 126. — Le livre de caisse devra être arrêté chaque jour et devra rendre un compte exact de l'état de la caisse au gérant et au Comité de surveillance, toutes les fois qu'ils l'exigeront.

Teneurs de livres.

Art. 127. — Le teneur de livres est nommé par le gérant, toujours sous la surveillance du Comité. Cet employé devra posséder parfaitement la science de la comptabilité commerciale, de manière à tenir ses livres avec tout l'ordre possible et à jour, afin de pouvoir, presque instantanément, dresser un inventaire qui fasse connaître l'actif et le passif de la Société. Il sera sous les ordres immédiats du gérant.

Art. 128. — Tous les autres commis seront sous les ordres directs du premier teneur de livres qui leur distribuera le travail pour la prompte expédition des affaires.

Art. 129. — Tous les employés, pris dans les diverses catégories de l'industrie de l'Association, jouissent des mêmes droits et des mêmes avantages que les ouvriers sociétaires. Tous ceux qui ne font point partie des catégories de l'industrie n'en jouirout que pendant tout le temps qu'ils appartiendront à l'administration ; ils ne seront considérés comme en faisant définitivement partie qu'après vingt ans de services rendus à la Société.

Dispositions supplémentaires.

Art. 130. — En cas de crise commerciale générale et pouvant se prolonger un temps indéterminé, le travail, outre les diminutions de façon, pourra être réduit, les premiers trois mois, aux deux tiers, et des trois en trois mois suivants, à la moitié, au tiers et au quart, dernier terme ; les travaux reprenant, on suivra la marche contraire dans la même progression, sauf à rendre au travail toute son activité dès que les produits s'écoulent.

Art. 131. — Les appointements des employés augmenteront dans la même proportion que les prix de façon et suivront les mêmes diminutions ; seulement, en cas de crise commerciale, cette réduction ne sera que de la moitié des appointements primitifs, mais ils les recevront en entier à la reprise des affaires.

Art. 152. — Tout excédant de caisse ou de bénéfices ne pouvant se diviser, sera versé à la banque de réserve.

Résumé et chiffres à l'appoint.

Nous avons formulé en articles notre système et nos principes de l'organisation de l'Association des ouvriers, marchands, fabricants et commissionnaires en ébénisterie en tous genres et des diverses parties qui s'y rattachent. Là aurait pu se borner notre travail, car, pour tous ceux qui exercent cette industrie et pour ceux qui ont des connaissances pratiques en fabrication, nous croyons avoir suffisamment démontré les avantages immenses qui en résulteraient pour tous les sociétaires ; à l'appui de cette énonciation, nous donnons une STATISTIQUE qui, d'après les connaissances que nous avons de notre industrie, démontre aux hommes pratiques la vérité des faits annoncés. Nous supposons que les diverses catégories de notre industrie se divisent ainsi :

SAVOIR, A PARIS :

Ébénistes.	15,000
Menuisiers en fauteuils.	1,000
Sculpteurs en meubles.	400
Tourneurs en meubles.	300
Tourneurs en chaises.	2,000
Penduliers.	200
Ébénistes en nécessaires.	500
Billards.	200
Ébénistes, caisses de pianos. . . .	1,000
Découpeurs.	100
A reporter. . .	20,700

Report. . .		20,700
Marchands de meubles	400	
Fabricants de diverses catégories	2,070	

PROVINCE :

Marchands.	5,000	
Fabricants de diverses catégories	2,000	
Ouvriers de diverses catégories .		20,000
Totaux. . .	7,470	40,700

Le total des marchands et fabricants
 est de. 7,470
 Et celui des ouvriers de. 40,700

Pour arriver à savoir la quantité d'ouvriers indiquée ci-dessus, nous avons dû connaître celle des fabricants. Pour avoir la qualité des ouvriers, nous avons multiplié par dix, nombre que nous supposons être employé, au minimum, par les fabricants.

Nous avons calculé qu'un ouvrier doit produire, au minimum, environ 200 fr. par mois, se divisant :

> 100 fr. *main-d'œuvre.*
> 50 fr. *matières premières.*
> et 50 fr. *bénéfice.*

Total. . 200 fr.

Calculés sur ce chiffre de 200 fr., les 40,700 ouvriers donneraient, pour le produit total de l'industrie en France, 97,680,000 fr. Nous ne pensons point que l'Association soit appelée à occuper la totalité des travailleurs, et, si cela doit être, ce temps est encore trop éloigné de nous pour nous en inquiéter ; mais nous supposons que l'Association ayant réalisé l'émission des cent mille actions qu'elle doit d'abord émettre (20,000,000 fr.), elle pourra occuper la moitié des travailleurs, et, par conséquent, donner la moitié du produit total de la France, soit 48,840,000 ; et même si, comme nous l'espérons, en améliorant le sort du travailleur sous le rapport moral et matériel, la consommation s'élevait, nous augmenterions nos produits soit par des moyens mécaniques, soit par plus d'aptitude au travail et par une meilleure répartition des travaux. C'est donc sur ces données qui nous servent de base que nous avons établi l'idée du fonctionnement de la Société et rédigé ce projet.

Nous terminons ici notre travail, et le livrons, sans commentaires, à l'appréciation des hommes appartenant aux diverses catégories de l'industrie. Nous les engageons, s'ils trouvent notre projet praticable, et s'ils jugent qu'il doit en résulter un bien-être pour tous les travailleurs de l'industrie, à joindre leurs efforts aux nôtres, afin d'arriver à la réalisation de cette pensée. Toutefois, si nous avions erré sur quelques points, nous sommes tout prêts à adopter les modifications qui nous seront présentées pour en faciliter l'exécution, ou en augmenter les avantages. Nous sommes même décidés à donner notre concours à tout projet qui aura pour but le bien-être général de tous, en conciliant le plus d'intérêts possible. Heureux si quelques-unes de nos idées peuvent aider à fonder ce nouvel ordre social ; à ramener le travail, la sécurité, la confiance, l'ordre et la tranquillité ; à faire cesser l'antagonisme des castes, à parvenir, par le progrès successif du principe d'association, à faire jouir le travailleur d'un plus grand bien-être moral et matériel, à lui faciliter le moyen de chasser de son intérieur de famille la misère, à y faire entrer l'ordre et l'économie, même la propriété, et à fermer à tout jamais l'antre des révolutions et de ces crises terribles qui démoralisent et énervent les nations, et semblent pronostiquer leur fin prochaine, ou du moins un retour vers la barbarie.

Paris. Imprimerie PREVE et Compagnie, rue J.-J.-Rousseau, 15.